BEI GRIN MACHT SICH IHR WISSEN BEZAHLT

AF153173

- Wir veröffentlichen Ihre Hausarbeit,
  Bachelor- und Masterarbeit

- Ihr eigenes eBook und Buch -
  weltweit in allen wichtigen Shops

- Verdienen Sie an jedem Verkauf

Jetzt bei www.GRIN.com hochladen und kostenlos publizieren

Historische Einflussfaktoren von Künstlicher Intelligenz und das Verständnis von Intelligenz im zeitlichen Verlauf

Alexander Goessele

Bibliografische Information der Deutschen Nationalbibliothek:

Die Deutsche Nationalbibliothek verzeichnet diese Publikation in der Deutschen Nationalbibliografie; detaillierte bibliografische Daten sind im Internet über http://dnb.d-nb.de abrufbar.

ISBN: 9783346928474
Dieses Buch ist auch als E-Book erhältlich.

© GRIN Publishing GmbH
Trappentreustraße 1
80339 München

Druck und Bindung: Books on Demand GmbH, Norderstedt Germany
Gedruckt auf säurefreiem Papier aus verantwortungsvollen Quellen

Das vorliegende Werk wurde sorgfältig erarbeitet. Dennoch übernehmen Autoren und Verlag für die Richtigkeit von Angaben, Hinweisen, Links und Ratschlägen sowie eventuelle Druckfehler keine Haftung.

Das Buch bei GRIN: https://www.grin.com/document/1383562

FOM Hochschule für Oekonomie und Management

Hochschulzentrum Nürnberg

Seminararbeit

im Studienfach „Interdisziplinäre Aspekte der Wirtschaftsinformatik"
Sommersemester 2023

Künstliche Intelligenz: Ein Blick auf historische Einflussfaktoren und Voraussetzungen zur Entwicklung moderner Algorithmen

Von

Alexander Goessele

Studiengang: IT Management (M.Sc.)
Bearbeitungsbeginn: 22.04.2023
Abgabedatum: 29.06.2023

Inhaltsverzeichnis

Abkürzungsverzeichnis

AI   Artificial Intelligence (Deutsch: Künstliche Intelligenz)

1. Einleitung

Künstliche Intelligenz (Artificial Intelligence, AI) ist einer der wichtigsten Trends in der Digitalisierung und in der modernen Welt nichtmehr wegzudenken. Längst hat sie sich in vielen Bereichen wie zum Beispiel in Medizin, Mobilität, Sprachassistenz und anderen etabliert. Im Gegensatz zu klassischen Programmierparadigmen werden neue Wege und Möglichkeiten der Problemlösung ermöglicht. Mit künstlichen neuronalen Netzen und Leistungsfähiger Hardware wird versucht, das menschliche Gehirn und dessen Entscheidungsfindung nachzuahmen.

Doch sie war nicht immer so bekannt und beliebt. Sie galt häufig und lange Zeit als Scharlatanerie. Daran ist die Historie nicht unschuldig: Sie durchlief Zyklen von großer Begeisterung und Aufmerksamkeit, gefolgt von Jahren mit nur marginaler Entwicklung und Förderung. Auf überbordende Versprechungen folgten Phasen tiefer Ernüchterung. Erst in den letzten etwa 20 Jahren gab es entscheidende Durchbrüche, die einer breiten Masse bekannt wurden. Dabei hat sich auch das Verständnis von Intelligenz in der Entwicklungsgeschichte verändert.

Die vorliegende Arbeit greift diese Entwicklung auf. Sie wirft einen kritischen Blick zurück und versucht, aus bestehenden Quellen mittels neuer Sichtweisen Erkenntnisse zu gewinnen. Speziell die zeitgemäße Erfassung des Intelligenzverständnisses wird näher betrachtet. Weiterhin wird verdeutlicht, dass der bisherige Fortschritt immens ist, wie sich die Sichtweise über die Jahre verändert hat und wie diese die situativen Entscheidungsbedingungen der Akteure beeinflusste. Dieser Ansatz wirft ein neues Licht auf verschiedene Entwicklungsschritte in der Historie der AI.

1.1. Problemstellung

Die bisher vorliegenden Informationen zur Entwicklung von AI sind eher chronologische Verläufe. Häufig werden die historischen Ereignisse mit ihren Ergebnissen thematisiert, jedoch nicht die situativ individuellen Entscheidungsumfelder. Es wird häufig nicht thematisiert, auf welcher Grundlage und mit welchem Verständnis die Person in der historischen Entwicklung eine bestimmte Entscheidung getroffen oder ein Ergebnis vorgebracht hat. Insbesondere das situative Verständnis von Intelligenz im zeitlichen Kontext ist unklar. Der Begriff ist bis heute in diesem Umfeld nicht eindeutig definiert. Es ist jedoch eine starke Wandlung der allgemeinen Auffassung im zeitlichen Verlauf zu beobachten. Beispielsweise war Samuel Morse[1] 1832 bereits davon überzeugt, dass durch seine Erfindung (das Morsealphabet) mittels Elektrizität Intelligenz über weite Entfernungen übertragen werden kann.[2] Nach heutigen Maßstäben findet

---

[1] Erfinder d. Morsealphabets
[2] Samuel Finley Breese Morse 1914, S. 11.

eine Datenübertragung statt, Morses Entwicklung stellt lediglich eine Codierung dar. Dieses Beispiel zeigt, dass das damalige Verständnis von Intelligenz massiv vom heutigen Abweicht. In der Literatur werden häufig Situationen beschrieben und als Meilensteine der Entwicklung bezeichnet, die als Ergebnis ein Produkt haben, welches nach heutigem Verständnis keine Intelligenz darstellt.

1.2. Zielsetzung und Methodik

Die Forschungsfragen lauten:

- Welche historischen Einflussfaktoren haben bis heute wesentlich zur Entwicklung künstlicher Intelligenz geführt?
- Wie hat sich das allgemeine Verständnis von Intelligenz entwickelt?

Ziel der vorliegenden Arbeit ist eine Darstellung der historischen Ereignisse, die wesentlich zur Entwicklung von AI in ihrer heutigen Form geführt haben. Es geht nicht um eine technische Betrachtung, sondern menschliche Einflussfaktoren. Ein besonderer Fokus wird hierbei auf das situative und zeitgemäße Verständnis von Intelligenz gelegt. Mit diesen Informationen wird die Bedingungskonstellation im Umfeld des jeweiligen Akteurs nachmodelliert, um die getroffenen Entscheidungen und darauf aufbauend die hervorgebrachten Ergebnisse nachvollziehen zu können. Dies soll erreicht werden, indem die Meilensteine der Entwicklung von AI identifiziert und zeitgerechte Details der Situation gesammelt werden. Diese Informationen werden zusammengelegt, um daraus neue Schlussfolgerungen in der Entwicklungshistorie ziehen zu können.

Eine faktenorientierte Darstellung der Ereignisse ohne subjektive Details der Akteure und des jeweiligen Umfeldes ist nicht das Ziel dieser Arbeit.

2. Theoretische Grundlagen / Stand der Forschung

Die Historie der AI mit den Meilensteinen der Entwicklung ist in der Literatur bereits sehr gut beschrieben. Nachfolgend werden die Ereignisse behandelt und kurz thematisiert, welche wesentlich zur Entwicklung beigetragen haben und im Verlauf der Arbeit untersucht werden. Das gesamte Fachgebiet zerfällt technisch in eine Reihe von Unterbereichen, der Fokus dieser Arbeit liegt jedoch auf den wesentlichen menschlichen Einflussfaktoren. Zur besseren Übersicht werden diese nach Jahreszahlen zusammengefasst und gruppiert. Über die genauen Jahreszahlen herrscht in der Literatur Uneinigkeit, deshalb kann es je nach Quelle zu leichten Verschiebungen kommen.

2.1. Bis 1955: Grundlagen und Alan Turings arbeiten.

Die Idee, menschliches Denken zu imitieren, findet sich bereits bei Aristoteles (384 – 322 v.Chr.) wieder. Er beschrieb erste rationale Komponenten des Verstandes.[3] Daraufhin gab es immer wieder Versuche, das Denken zu formalisieren und damit menschliche Fähigkeiten auf Maschinen zu übertragen. Schon damals erkannte man großes Potenzial, jedoch war die technische Umsetzung einer künstlichen Intelligenz noch nicht möglich. Ohne jeden Zweifel haben die Psychologischen und Philosophischen Fortschritte dieser Zeit ebenfalls maßgeblich zur Entwicklung der Analogiebildung zwischen Maschine und Gehirn sowie Algorithmen und Denken beigetragen. Beispielsweise zog der Philosoph Thomas Hobbes einen wegweisenden Vergleich:

„Denn was ist das Herz anderes als eine Feder, was sind die Nerven anderes als lauter Stränge und die Gelenke anderes als Räder?"[4]

Weitere Meilenstein stellen die Arbeiten von Alan Turing dar. Mit *On Computable Numbers* legte er 1936 den Grundstein für die moderne Informatik und entwickelte das Konzept einer Maschine, die die Lösung jeder Aufgabe berechnen kann, sofern diese berechenbar ist.[5] In der Arbeit *Computing Machinery and Intelligence* von 1950 kreierte er außerdem den Turing Test. Dieser trifft eine Aussage darüber, ob eine Maschine intelligentes Verhalten imitieren kann.[6] Der Test wurde bis heute nicht bestanden (ob der Chatbot Eugene Goostman 2014 den Turing-Test bestand, gilt als umstritten[7]. In jedem Fall hat keine System den Test mehrfach und nachhaltig bestanden). In der Zwischenzeit veröffentlichte auch Norbert Wiener sein berühmtes Werk *Cybernetics: Or Control and Communication in the Animal and the Maschine* und legte damit einen weiteren Grundstein für Kybernetik und das Verständnis von Intelligenz.[8]

2.2. 1956 – 1968: Dartmouth Conference und erste Schritte

Die Dartmouth Conference fand 1956 am Dartmouth College statt und bestand aus zehn amerikanischen Wissenschaftlern, die sich zu einer zweimonatigen Tagung zusammengefunden haben. Hier wurde zum ersten Mal der Begriff Artificial Intelligence verwendet und geprägt. Die Anstrengungen der Forschenden galten dem Ziel, herauszufinden, wie eine Maschine künstlich intelligent sein kann. Und das mit Erfolg, die Konferenz gilt als der offizielle Start akademischer Forschung auf diesem Gebiet sowie als Geburtsstunde der AI.[9] Ab diesem Zeitpunkt

---

[3] https://www.welytics.ai/blog/2019-08-30-geschichte-ki-teil1/, abgerufen 21.05.2023
[4] Thomas Hobbes (1651): Leviathan.
[5] Alan Turing (1936): On Computable Numbers.
[6] Alan Turing (1950): Computing Machinery and Intelligence.
[7] https://www.heise.de/news/Eugene-und-der-angeblich-bestandene-Turing-Test-So-einfach-nun-dann-doch-nicht-2218151.html, abgerufen 11.06.2023
[8] Christoph Adami 2021, S. 133.
[9] Ronald R. Kline (2011): Cybernetics, Automata Studies, and the Dartmouth Conference on Artificial Intelligence. In: *IEEE Annals of the History of Computing* (4), S. 5–16.

wuchs das zutrauen in die Vorstellung, dass Maschinen menschliches intelligentes Verhalten imitieren können, und die Entwicklung nahm ihren Lauf. Im Jahr 1957 stellt Herbert Simon eine ambitionierte Prognose auf. Er sagte voraus, dass bereits im kommenden Jahrzehnt ein Computer den amtierenden Schachweltmeister schlagen wird.[10] Weiterhin wurde 1958 die erste symbolverarbeitende Programmiersprache LISP entwickelt[11], welche vor allem in den USA die Standardsprache für AI-Anwendungen wurde. Ab 1966 wurden erste Chatbots entwickelt, der bekannteste ist ELIZA von Joseph Weizenbaum[12].

2.3. 1969 – 1974: Erster AI-Winter

Im Buch *Perceptron* von Marvin Minsky und Seymour Papert wurde ein schlüssiger Beweis geführt, weshalb Perzeptronen (Vorläufer der heute bekannten Neuronen, vereinfacht ein einschichtiges neuronales Netz) simple Probleme der AI nicht meistern können[13]. Im Jahr 1973 wurde Michael J. Lighthill vom britischen Parlament beauftragt, den Stand der AI-Forschung einzuschätzen. Er kam zu einem vernichtenden Urteil[14]. Im Wesentlichen aufgrund dieser beiden Ereignisse wurden Forschungsgelder eingestellt und die Forschung sowie der Fortschritt auf diesem Gebiet kamen weitestgehend zum Erliegen.

2.4. 1975 – 1986: Verbreitung der Expertensysteme

Der AI-Winter stoppte, als lernfähige Expertensysteme in großer Anzahl entwickelt wurden und sich zunehmend verbreiteten. Es werden zahlreiche Algorithmen und Regeln angewendet, die zum gewünschten Ergebnis führen. Möglich wurde dies unter anderem durch eine gestiegene Rechenleistung. Ein Beispiel ist das Programm *MYCIN*, welches einen Arzt bei der Diagnose und Therapie von Infektionskrankheiten unterstützt[15]. Die Hoffnungen in diese Techniken waren sehr groß. Es entstanden viele IT-Unternehmen, welche diese Systeme branchenübergreifend entwickelten. Parallel wurde auch der konnektionistische AI-Ansatz wiederbelebt, da mittlerweile auch mehrschichtige Neuronale Netze möglich waren[16].

---

[10] https://www.tecchannel.de/a/die-zehn-groessten-it-irrtuemer-und-fehlprognosen,466465,5, abgerufen 29.05.2023

[11] http://ftp.informatik.uni-stuttgart.de/ifi/is/Info/Lisp/lisp.html#:~:text=Grundz%C3%BCge%20der%20Entwick-lung%20von%20Lisp&text=Um%201980%20war%20die%20BI%C3%BCtezeit,in%20Lisp%20geschrieben%20werden%20kann., abgerufen 29.05.2023

[12] Luka Bradeško; Dunja Mladenić: A survey of chatbot systems through a loebner prize competition. In: *Proceedings of Slovenian language technologies society eighth conference of language technologies* 2012, S. 34–37.

[13] Marvin Minsky; Seymour A. Papert (1969): Perceptrons. An Introduction to Computational Geometry: MIT Press.

[14] James Lighthill (1972): Artificial Intelligence: A General Survey. Online verfügbar unter http://www.chilton-computing.org.uk/inf/literature/reports/lighthill_report/p001.htm.

[15] Peter Schupp und Ute Leibrandt 1988, S. 21.

[16] Christoph Adami 2021, S. 134.

2.5. 1987 – 1995: Zweiter AI-Winter

Der Hype um die Entwickelten Expertensysteme war enorm. Es wurden und unrealistischen Erwartungen an die Leistungsfähigkeit gestellt. Allmählich wurde klar, dass das Feld die erwarteten Ergebnisse nicht liefern kann. Der zweite AI-Winter wurde von Forschenden befürchtet und vorhergesehen.[17] Er führte zu einem Rückgang der Mittel für die Forschung, viele junge Unternehmen überlebten diese Phase nicht.

2.6. 1996 – 2011: Wachstum von Rechenleistung und verfügbaren Daten

Nach erneuten Jahren mit wenig Bewegung in diesem Feld wuchs das Interesse für Daten und ihre Quellen. Mit rasant steigender Rechenleistung sowie sinkenden Kosten für Speicherplatz war es möglich, eine Vielzahl an Datenmengen zu speichern und zu verarbeiten. Die Ergebnisse der Algorithmen wurden mit steigender Menge von Daten immer besser. Besonders das maschinelle Lernen, neuronale Netze und die Sprachverarbeitung florierten. Weiterhin erhielt die Robotik Aufwind, Serviceroboter und autonome Roboter sind ein eigenes Forschungsgebiet.[18]

2.7. Ab 2012: Modernes Machine Learning

Etwa um 2012 verschnellerte sich die Entwicklung erneut. Große IT-Konzerne stiegen in die AI-Forschung ein und veröffentlichten mächtige Sprachassistenten und weitere intelligente Software auf Basis neuronaler Netze. Spätestens der neue Ansatz von Google „AI First" von 2012 führte in der nachfolgenden Zeit dazu, dass künstliche Intelligenz in der Gesellschaft angekommen ist[19].

3. Methodik und Untersuchungsverfahren

Da bei der vorliegenden Arbeit historische Ereignisse und deren Umfeld untersucht werden, wurde als Methodik im Wesentlichen eine umfassende Literaturrecherche angewendet.

Zu der Thematik gibt es zahlreiche Bücher und sonstige Veröffentlichungen. Grundsätzlich sind für diesen Anwendungsfall zeitgerechte Werke besonders geeignet. Sammelwerke wie beispielsweise *Expertensysteme – nicht nur für Informatiker* von Peter Schupp und Ute Leibrandt von 1988 geben einen guten Überblick über die damaligen Entwicklungen, das situative Verständnis von Intelligenz, sowie eine zeitgerechte Vorstellung davon, wie sich Technologien

---

[17] Drew McDermott et al. 1985.

[18] https://www.welytics.ai/blog/2019-09-15-geschichte-ki-teil2/, abgerufen 30.05.2023

[19] https://www.heise.de/news/Googles-Kuenstliche-Intelligenz-Mobile-first-war-gestern-3341711.html, abgerufen 30.05.2023

weiterentwickeln sollten. Dies ist eines von vielen Beispielen. Unterstützt wurde dieses Vorgehen durch die Veröffentlichungen und Vorträge zahlreicher Experten auf diesem Gebiet. Erwähnenswert ist hierbei Dr. Rudolph Seising, der bereits viele wissenschaftliche Fachartikel veröffentlicht hat und die Historie der AI mit einer technisch-philosophischen Sichtweise behandelt.

Zwischen den verschiedenen Quellen gab es aus einem technischen Aspekt teilweise unterschiedliche Auffassungen der Autoren, beispielsweise, wann die beiden AI-Winter begonnen und geendet haben. Diese Unschärfe ist für die vorliegende Arbeit unerheblich, da die technischen Abläufe nicht im Mittelpunkt der Untersuchung stehen.

Es wurden die wichtigsten und bekanntesten historischen Meilensteine identifiziert und auf einem digitalen Whiteboard in Form eines Zeitstrahls visualisiert. Diese Ereignisse wurden nach Sichtung unterschiedlicher Quellen verfeinert und mit weiteren Details versehen. Nachdem diese gruppiert wurden, ergab sich ein Bild des situativen Intelligenzverständnisses, mit welchem die einzelnen Einflussfaktoren modelliert und so die Entscheidungsfindung besser nachempfunden werden kann.

4. Untersuchung und Intelligenzverständnis im zeitlichen Verlauf

Wie oben beschrieben, liegen Anfänge der Versuche, menschliches Handeln sowie Denk- und Verhaltensweisen nachbauen zu wollen, bereits über 2000 Jahre zurück. Die meisten Entwicklungen beschränkten sich allerdings auf Maschinen, die Mensch und Tier schwere körperliche Arbeit abnehmen sollten. Intelligenz oder das Imitieren von intelligenten Abläufen waren bis vor etwa 70 Jahren selten das Ziel. Allgemein stand Intelligenz bis zu diesem Zeitpunkt selten im Mittelpunkt gesellschaftlicher Denkweisen. Wesentliche Weiterentwicklungen gab es in der frühen Neuzeit von Leonardo Da Vinci. Er entwickelte um 1500 eine mechanische Rechenmaschine, die er aber nie in die Praxis umsetzte.[20]

Wolfgang von Kempelen entwickelte 1769 einen Roboter, der Schach spielen konnte. Die Erfindung „der Schachtürke" wurde sehr bekannt und verblüffte die Bevölkerung. Sie weckte einen Willen zum Wunder (der Technik)[21]. Die Maschine stellte sich später zwar als Betrug heraus (ein manueller Bediener war clever im Unterschrank versteckt und steuerte den Schachtürken), sie hat allerdings zu einem gesellschaftlichen Diskurs über Intelligenz und die maschinellen Möglichkeiten, diese zu imitieren, geführt.

---

[20] https://www.welytics.ai/blog/2019-08-30-geschichte-ki-teil1/, abgerufen 01.06.2023

[21] Anil K. Jain (2011): Die Dialektik des Automatismus. Deflektion oder das Andere der Reflektion. 29/05/2021. Online verfügbar unter https://www.power-xs.net/jain/pub/dialektik_des_automatismus.pdf.

Wie bereits in der Einleitung unter Punkt 1.1 berichtet, war Samuel Morse davon überzeugt, mit seinem Telegraphiersystem Intelligenz übertragen zu können. Diese Behauptung zeigt das zeitgemäße Intelligenzverständnis. Es wurde weniger als intelligentes Verhalten, sondern als elektronische Kommunikation definiert. Auf jeden Fall war die Abgrenzung zwischen den Begriffen nicht klar.

Ein erstes Umdenken im wissenschaftlichen Bereich brachten Alan Turings Arbeiten. Im Jahr 1936 beschrieb er, dass Maschinen alle Aufgaben berechnen können, die durch einen Algorithmus darstellbar sind. Das funktionierte anhand einer Unterteilung anspruchsvoller kognitiver Prozesse in Einzelschritte, die algorithmisch dargestellt werden können. Damit beschrieb er das Teilen von Intelligenz in nachvollziehbare Schritte und damit die Reproduktion von intelligentem Verhalten durch Maschinen. Er legte ein Verständnis von Intelligenz an den Tag, welches seiner Zeit voraus war und dem heutigen einen großen Schritt nähergekommen ist.

Ähnliche Ziele hatten Warren McCulloch und Walter Pitts. In ihrer 1943 veröffentlichten Arbeit wurde ein Modell künstlicher Neuronen entworfen und damit grundsätzliche Funktionsweisen von Nervenzellen nachgeahmt[22]. Diese Logik bildet in abgewandelter Form bis heute die Basis neuronaler Netze. Das wissenschaftliche Intelligenzverständnis wurde dadurch geändert. In der breiten Öffentlichkeit ist diese Entwicklung nicht angekommen. Alan Turing greift unter anderem diese Entwicklung in seiner Arbeit *Computing Machinery and Intelligence* auf und zahlt mit dieser wesentlich auf den wissenschaftlichen Fortschritt ein. Der beschriebene Turingtest beweist die Überzeugung des Autors, dass dieser einmal bestanden und damit Intelligenz durch Maschinen erbracht werden kann. Auch Norbert Wieners Arbeiten beweisen eindeutig die wissenschaftliche Überzeugung, logische und im weiteren Verlauf menschliche Entscheidungen maschinell nachahmen zu können. Er beschrieb, dass Intelligenz durch das Verständnis von Signalverarbeitung hergestellt werden kann. Sämtlichen theoretischen Überlegungen fehlte jedoch die materielle Grundlage, auf der AI hätte simuliert werden können. Dies gelang 1951, als ein Team an der Universität Manchester einen Dame spielenden Roboter entwickelte. Der Ferranti Mark 1 wurde nach den Vorgaben Turings entwickelt und spielte Dame, allerdings nicht besonders gut[23]. Den Begriff AI gab es zu diesem Zeitpunkt nicht. Dieser wurde erstmalig bei der Dartmouth Conference von John McCarthy verwendet. Die Revolution fand ihren Anfang, indem die Teilnehmer der Konferenz die bisherigen Entwicklungen aufgegriffen haben und Wege zur Schaffung einer künstlichen Intelligenz suchten. Natürlich wurden bei der Konferenz nicht für alle Probleme Lösungen gefunden, dennoch wurden bemerkenswerte Fortschritte erzielt. Arthur Samuel entwickelte ein Dame-spielendes Programm. Es hatte dem Ferranti Mark 1 die Tatsache voraus, dass es seine Fähigkeiten weiterentwickeln

---

[22] Walter Pitts und Warren S.McCulloch 1943.
[23] https://www.welytics.ai/blog/2019-08-30-geschichte-ki-teil1/, abgerufen 07.06.2023

konnte, indem es immer wieder gegen sich selbst spielte und sich damit eine ständige selbstverbesserung ermöglichte. Nach übereinstimmender Meinung hat er damit AI geschaffen. In diesem Sachverhalt war es die Lernfähigkeit der Maschine, die als intelligentes Verhalten galt. Unter wissenschaftlichen Gesichtspunkten war dies ein großer Durchbruch, mit welchem ein großer Hype entstand. Die Erwartungen an zukünftige Entwicklungen schnellten in die Höhe. Marvin Minsky, einer der Hauptakteure, verkündete bereits kurz darauf, dass innerhalb einer Generation die Probleme bei der Schaffung von AI im Wesentlichen gelöst sein werden.[24] Ein weiteres historisch wertvolles Zitat aus dieser Zeit stammt von Herbert Simon, welcher ebenfalls ein Teilnehmer der Dartmouth Conference war. Dieser sagte 1957:

Ich [...] kann zusammenfassend berichten, dass es heute Maschinen gibt, die denken, die lernen und kreativ sind. Darüber hinaus wächst ihre Fähigkeit, diese Dinge zu tun, zügig weiter, bis – in absehbarer Zukunft – der Bereich der Aufgabenstellungen, mit denen sie zurechtkommen, genau so gross ist wie der Bereich, den der menschliche Verstand bewältigen kann.[25]

Außerdem behauptete er im gleichen Jahr, dass im kommenden Jahrzehnt ein Computer Schachweltmeister werden würde. Wie man heute weiß, war dies erst viel später (1997) der Fall. Das entsprechende System funktioniert ohne AI.

Kurz darauf wurde die Programmiersprache LISP von JohnMcCarthy, ein weiterer Teilnehmer der Dartmouth Conference, entwickelt. Sie verarbeitet Symbole und ist mit Abwandlungen bis heute im Einsatz. Bei der AI-Entwicklung konnte Sie wesentliche Fortschritte erzielen. Der Sprache lag die Überzeugung zugrunde, dass Intelligenz auf Symbole heruntergebrochen werden kann. Mit diesen konnten Berechnungen durchgeführt werden, wie sie der Lambda-Kalkül definiert.

Wie in den vorherigen Absätzen zu erkennen ist, haben die Teilnehmer der Dartmouth Conference in den Jahren nach 1956 einerseits wesentliche Fortschritte in der AI-Forschung gemacht, andererseits übertriebene Aussagen zur weiteren Entwicklung getätigt. Hieran ist gut der Optimismus der Beteiligten zu sichtbar. Obwohl die Rechenleistung und die bis dato entwickelten Systeme in ihrem Funktionsumfang sehr begrenzt waren, war man davon überzeugt, menschliches Verhalten schon bald komplett imitieren zu können. Dieser Annahme lag jedoch eine massive Unterschätzung der menschlichen Leistungsfähigkeit zugrunde. Weitere Entwicklungen in diesem Bereich folgten und waren beispielsweise ELIZA von Joseph Weizenbaum. Es handelt sich um den ersten Chatbot, der einen Psychotherapeuten nachahmen soll. Nachdem der Patien einen Text eingegeben hat, suchte das Programm

---

[24] Marvin L. Minsky 1967, S. 2.
[25] https://www.brainyquote.com/authors/herbert-a-simon-quotes, abgerufen 26.06.2023

nach Schlagwörtern in einer Datenbank und antwortete entsprechend. Es handelt sich nach heutigen Maßstäben um keine AI, außerdem waren die Antworten häufig sehr oberflächlich. Jedoch konnte es ein Gefühl von Nähe für den Patienten erzeugen, was in dieser Zeit einmalig für ein Computerprogramm war. Nach den beschriebenen Entwicklungen blieben bahnbrechende Neuerungen aus. Die Systeme stellten zwar Meilensteine dar und sind der menschlichen Intelligenz einen großen Schritt nähergekommen, jedoch kam keines auch nur ansatzweise an die Leistungsfähigkeit eines menschlichen Gehirns.

Einen Rückschlag haben die Entwicklungen nach der Veröffentlichung von Perceptron erlitten. Der hervorgebrachte Beweis, dass Perzeptronennetze nicht dazu in der Lage sind, simple Probleme der AI zu meistern, war zwar schlüssig aber gilt nicht für die heute üblichen mehrschichtigen neuronalen Netze. Da es diese zu dieser Zeit nicht gab und auch die Entwicklung nicht absehbar war, gab es weitreichende Folgen. Zusammen mit Lighthills vernichtendem Urteil zum Stand der AI wurden Fördergelder gestrichen und die Forschung kam weitgehend zum Erliegen[26]. Sicher haben auch die überzogenen Erwartungen und Versprechungen der Dartmouth-Forscher zu diesem Urteil beigetragen.

In den darauffolgenden Jahren wurde es ruhig um die Entwicklung. Erst die aufkommenden Expertensysteme und deren Kommerzialisierung verliehen ihr neuen Schwung. Nach heutigen Maßstäben stellten diese häufig keine AI dar, aber die fortschreitenden technischen Entwicklungen und das gesellschaftliche Ankommen der Informationstechnik im Allgemeinen führten zu einer explosionsartigen Verbreitung in den betroffenen Industrien (vor allem der Medizin) und der Wissenschaft. Die Euphorie war riesig. Es wurden Schlagzeilen veröffentlicht, wie *Wir haben ein besseres Gehirn gebaut* und es wurde erklärt, dass es *jetzt möglich ist, menschliches Wissen und Erfahrung in einen Computer zu programmieren. Künstliche Intelligenz ist erwachsen geworden* [27], welche zu hohen Erwartungen führten. Viele Unternehmen wurden gegründet und entwickelten Systeme, häufig waren diese speziell auf die Verarbeitung von LISP zugeschnitten. Während der Hype und AI zunahm, befürchteten namhafte Forscher, dass das Feld nicht die hohen Erwartungen erfüllen kann und die Finanzierung erneut versiegt. Diese Befürchtung hat sich als richtig erwiesen. Viele Unternehmen verschwanden vom Markt und der zweite AI-Winter begann.

Es lässt sich gut erkennen, dass die Wissenschaft die Möglichkeiten und Grenzen der AI zur dieser Zeit bereits kannte. Die Psychologie war ebenfalls fortgeschritten, das allgemeine Verständnis von Intelligenz ähnelte dem heutigen. Deshalb wusste man in der Wissenschaft, dass die Systeme die Erwartungen der breiten Masse bei weitem nicht erfüllen können. Dies ist der Unterschied zum ersten AI-Winter, bei welchem die Forschenden (vor allem die Teilnehmer

[26] https://www.welytics.ai/blog/2019-08-30-geschichte-ki-teil1/, abgerufen 12.06.2023
[27] https://towardsdatascience.com/history-of-the-second-ai-winter-406f18789d45, abgerufen 30.05.2023

der Dartmouth Conference) selbst falsche Vorstellungen von Intelligenz und stark übertriebene Erwartungen an die technischen Möglichkeiten hatten. Dieses Mal warnten die Wissenschaftler selbst, konnten den zweiten AI-Winter aber nichtmehr verhindern.

Nach einer erneuten Phase mit wenig Bewegung auf dem Forschungsgebiet wuchsen die verfügbaren Daten und die Rechenleistung einige Jahre später enorm. Einerseits wurde Business Intelligence als Disziplin entdeckt, zusätzlich wuchsen die Erwartungen, aus den Datenmengen neue Rückschlüsse mittels AI ziehen zu können. Etwa zu diesem Zeitpunkt waren auch Personal Computer in der breiten Gesellschaft angekommen. Von bisherigen Erkenntnissen ausgehend wurden viele neue Datenverarbeitungsformen entwickelt. Die Fortschritte überzeugten die Industrie, intelligente Datenverarbeitung hat sich zunächst in großen und anschließend immer kleineren Unternehmen ausgebreitet.

Spätestens als IBM der Durchbruch gelang, dass der Schachcomputer „Deep Blue" 1996 den damaligen Weltmeister Garri Kasparow schlug, bekam auch die Öffentlichkeit die Entwicklungen zu spüren. Der Hype war riesig und viele Menschen vermuteten bei der Maschine eine menschliche Intelligenz. Der Rechner konnte aufgrund seiner Rechenleistung sehr viele mögliche Szenarien durchrechnen, diese anhand einer Matrix gewichten und sich anschließend für den mit den höchsten Aussichten auf Erfolg entscheiden.

In den folgenden Jahren ging die Verbreitung rasant weiter. AI ist bei den Menschen angekommen und etablierte sich im Alltag. Im Jahr 2011 kam das Produkt „Siri" auf den Markt. Die Spracherkennungssoftware fungierte zunächst auf Smartphones und hat sich rasant verbreitet. Schnell wurde auch hier eine Intelligenz unterstellt, da die technischen Herausforderungen für Spracherkennung und eine angemessene Reaktion mit einer noch nie dagewesenen Qualität beherrscht wurden. Im Jahr 2012 hat Google seine Strategie auf „AI First" geändert. Dies war eine Reaktion auf die geänderten technischen Möglichkeiten.

5. Interpretation

Bei der Untersuchung der AI-Historie und des Intelligenzverständnisses im zeitlichen Verlauf sind diverse Dinge aufgefallen, die im Folgenden erläutert und eingeordnet werden.

Zunächst lässt sich festhalten, dass sich das Verständnis von Intelligenz im zeitlichen Verlauf sehr stark geändert hat. Auch war der Begriff nicht immer üblich und hat insbesondere bei den ersten Entwicklungsschritten wenig Beachtung erfahren. Auch heute gibt es ebenso wenig eine feste Definition wie ein allgemein etabliertes Verständnis für diesen Begriff. Als aktiv versucht wurde, intelligentes Verhalten maschinell zu ermöglichen, wurden schnell Fortschritte erzielt. Jedoch hängt es aufgrund der fehlenden Begriffsdefinition vom jeweiligen Betrachter und nicht von der verwendeten Technik ab, ob dieses (ein intelligentes Verhalten) vorliegt. Heute wird AI häufig mit neuronalen Netzen gleichgesetzt. Nach dieser Auffassung wäre DeepBlue (das Programm, welches den Schachweltmeister zum ersten Mal geschlagen hat) keine künstliche Intelligenz. Dies wurde aber so wahrgenommen und das Ereignis ist ohne jeden Zweifel ein Meilenstein in der Entwicklung von AI. Dieser Umstand bringt die Möglichkeit einer weiteren Sichtweise: Intelligenz wird dort vermutet oder unterstellt, wo die menschliche Vorstellungskraft, eine Entscheidung durch Algorithmen darzustellen (laut Alan Turing „berechenbar zu machen"), endet. Diese Grenze hat sich zu Gunsten der technischen Möglichkeiten verschoben. In der Historie wurde zunächst vieles für Intelligent gehalten. Mit zunehmender Entwicklung (außerdem durch enorm gestiegene Rechenleistung und eine Vielzahl an verfügbaren Daten) wurden immer mehr Aufgaben und Sachverhalte berechenbar. In der modernen Welt weiß man, dass sich viele Dinge algorithmisch darstellen lassen. Im Grunde ist auch ein modernes mehrschichtiges neuronales Netz eine Folge von Entscheidungen, die sich ebenfalls algorithmisch darstellen lassen. Sie sind jedoch so kompliziert, dass die Entscheidungswege durch einen Menschen nichtmehr nachvollziehbar sind. Dort wird heutzutage Intelligenz vermutet.

Für die AI-Winter ist weiterhin ein zyklisch ähnliches Verhalten aufgefallen: Zunächst gibt es Fortschritte bei der Entwicklung und die Euphorie ist riesig. Es werden darauf aufbauend weitere bahnbrechende Meilensteine erwartet und teilweise versprochen. Die weitere Entwicklung kann die erwarteten Ergebnisse aber nicht liefern. Daraufhin werden die Hoffnungen enttäuscht und die weitere Forschung wird stark eingeschränkt. Nach ein paar Jahren mit nur mäßigem Fortschritt folgt der nächste Meilenstein und der Zyklus beginnt von neuem.

Das Intelligenzverständnis hat sich im Laufe der Entwicklung stark gewandelt, in den letzten Jahren allerdings kaum noch. Die moderne Technik ist längt bei den Menschen und in deren Köpfen angekommen. Sie hat sich etabliert und lässt sich nicht mehr wegdenken.

6. Zusammenfassung und Ausblick

Die Anfänge der AI liegen schon lange zurück. In der Anfangszeit wurde die Entwicklung nicht vom Gedanken an Intelligenz angetrieben, die Schaffung einer künstlichen Intelligenz war nicht das Ziel und schien auch danach lange Zeit unmöglich darstellbar zu sein.

Der größte Meilenstein in der Entwicklung war die Dartmouth Conference, die unter anderem durch die Vorarbeiten von Alan Turing ermöglicht wurde. Anschließend gab es eine bemerkenswerte Entwicklung, die aufgrund überhöhter Erwartungen auch ruhige Phasen hatte. Vor dem ersten AI-Winter war es die Wissenschaft selbst, die die Erwartungen zu hoch angesetzt hatte, vor dem zweiten waren es zahlreiche Fachexperten und die Industrie. Das oben beschriebene zyklische Verhalten bei AI-Wintern ist derzeit in einer Phase der Euphorie, dieses Mal in der breiten Öffentlichkeit. Die Erwartungen an moderne Implementierungen, wie zum Beispiel ChatGPT, sind riesig. Diese Systeme haben allerdings ebenfalls funktionale und logische Grenzen, zum Beispiel inhaltliches Verständnis, themenübergreifende Korrektheit oder Kreativität. Ein dritter AI-Winter droht.

Vor allem in den letzten Jahren hat AI enorme Sprünge gemacht. Legt man jedoch den Turingtest zugrunde legt, gibt es bis heute keine AI. Auch moderne Implementierungen wie ChatGPT bestehen diesen nicht.

Zusammenfassend konnte durch die vorliegende Arbeit gezeigt werden, dass die Entwicklung der künstlichen Intelligenz eine lange und aufregende Historie mit Höhen und Tiefen durchlebte. Die Umstände und das Verständnis von Intelligenz haben sich im Laufe der Zeit immer wieder geändert. Die heute übliche künstliche Intelligenz darf keinesfalls als Selbstverständlichkeit angesehen werden. Aufgrund des allgemeinen Interesses und der weit fortgeschrittenen Forschung ist nach Auffassung des Autors nicht mehr damit zu rechnen, dass sich das Intelligenzverständnis zukünftig grundlegend ändern wird. Die Entwicklung einer starken AI steht noch bevor.

7. Literaturverzeichnis

Alan Turing (1936): On Computable Numbers.

Alan Turing (1950): Computing Machinery and Intelligence.

Anil K. Jain (2011): Die Dialektik des Automatismus. Deflektion oder das Andere der Reflektion. 29/05/2021. Online verfügbar unter https://www.power-xs.net/jain/pub/dialektik_des_automatismus.pdf.

Christoph Adami (2021): A Brief History of Artificial Intelligence Research.

Drew McDermott; M. Mitchell Waldrop; Roger Schank; B. Chandrasekaran; John McDermott (1985): The Dark Ages of AI: A Panel Discussion at AAAI-84. In: *AI Magazine* (Volume 6 Issue 3), S. 122–134.

James Lighthill (1972): Artificial Intelligence: A General Survey. Online verfügbar unter http://www.chilton-computing.org.uk/inf/literature/reports/lighthill_report/p001.htm.

Luka Bradeško; Dunja Mladenić: A survey of chatbot systems through a loebner prize competition. In: *Proceedings of Slovenian language technologies society eighth conference of language technologies* 2012, S. 34–37.

Marvin L. Minsky (1967): Computation. Finite and Infinite Machines: Prentice-Hall.

Marvin Minsky; Seymour A. Papert (1969): Perceptrons. An Introduction to Computational Geometry: MIT Press.

Peter Schupp; Ute Leibrandt (1988): Expertensysteme. Nicht nur für Informatiker. 2. Aufl. Berlin Heidelberg: Springer-Verlag.

Ronald R. Kline (2011): Cybernetics, Automata Studies, and the Dartmouth Conference on Artificial Intelligence. In: *IEEE Annals of the History of Computing* (4), S. 5–16.

Samuel Finley Breese Morse (1914): Samuel F.B. Morse. His Letters and Journals. Volume 2. 2. Aufl. Hg. v. Edward Lind Morse. Cambridge: Cambride University Press. Online verfügbar unter https://books.google.de/books?hl=de&lr=&id=Bj0DBAAAQBAJ&oi=fnd&pg=PA1&dq=Samuel+Morse+Intelligence&ots=8S9mvlOPce&sig=N5u3zwwvHe2AZo-FOwO1yhE9qkcw#v=onepage&q&f=false, zuletzt geprüft am 11.05.2023.

Thomas Hobbes (1651): Leviathan.

Walter Pitts; Warren S.McCulloch (1943): A logical calculus of the ideas immanent in nervous activity. Illinois (Bulletin of Mathematical Biophysics, 5).

8. Internetquellen

https://www.welytics.ai/blog/2019-08-30-geschichte-ki-teil1/

https://www.tecchannel.de/a/die-zehn-groessten-it-irrtuemer-und-fehlprognosen,466465,5

http://ftp.informatik.uni-stutt-
gart.de/ifi/is/Info/Lisp/lisp.html#:~:text=Grundz%C3%BCge%20der%20Entwick-
lung%20von%20Lisp&text=Um%201980%20war%20die%20BI%C3%BCte-
zeit,in%20Lisp%20geschrieben%20werden%20kann.

https://www.welytics.ai/blog/2019-09-15-geschichte-ki-teil2/

https://www.heise.de/news/Googles-Kuenstliche-Intelligenz-Mobile-first-war-gestern-
3341711.html

https://towardsdatascience.com/history-of-the-second-ai-winter-406f18789d45

https://www.brainyquote.com/authors/herbert-a-simon-quotes

https://www.heise.de/news/Eugene-und-der-angeblich-bestandene-Turing-Test-So-einfach-
nun-dann-doch-nicht-2218151.html